FLAVIO KAUFFMANN

O VASO PREFERIDO DA CASA

Dados Internacionais de Catalogação na Publicação (CIP) de acordo com ISBD

K212   Kauffmann, Flavio

       O vaso preferido da casa / Flavio Kauffmann; ilustrado por Flavio Kauffmann. - Jandira, SP : Pingue Pongue, 2022.
       32 p. : il.; 22,5cm x 27,5cm.

       ISBN: 978-65-84504-17-2

       1. Literatura infantil. 2. Descoberta. 3. Aceitação. 4. Respeito. 5. Natureza. 6. Valores. I. Título.

2022-0514   CDD 028.5
                                           CDU 82-93

Elaborado por Lucio Feitosa – CRB-8/8803

Índices para catálogo sistemático:
1. Literatura infantil 9028.5
2. Literatura infantil 82-3

© 2022 Pingue Pongue Edições e Brinquedos Pedagógicos Ltda.
© Flavio Kauffmann
Revisão: Isabel Fernandes
Produção: Pingue Pongue

1ª Edição em 2022

www.cirandacultural.com.br

Todos os direitos reservados. Nenhuma parte desta publicação pode ser reproduzida, arquivada em sistema de busca ou transmitida por qualquer meio, seja ele eletrônico, fotocópia, gravação ou outros, sem prévia autorização do detentor dos direitos, e não pode circular encadernada ou encapada de maneira distinta daquela em que foi publicada, ou sem que as mesmas condições sejam impostas aos compradores subsequentes.

A Pingue Pongue é uma empresa do Grupo Ciranda Cultural.

Dedico este livro a todas
as pessoas que não se encaixam.

O VASO PREFERIDO DA CASA FICAVA EM UMA MESINHA AO LADO DA PORTA DE ENTRADA.

TODOS QUE PASSAVAM POR LÁ
REPARAVAM NA PEÇA DE DECORAÇÃO.

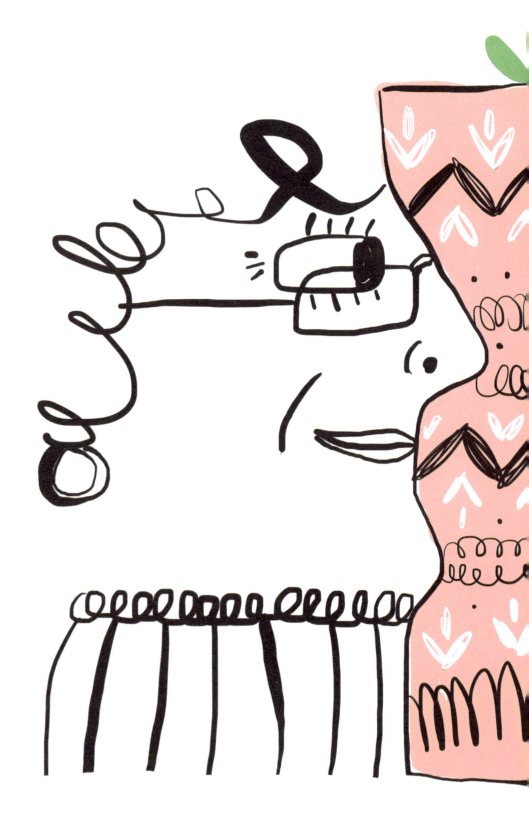

A AVÓ GOSTAVA DO VASO PORQUE, MUITO TEMPO ATRÁS,
NO SÍTIO EM QUE PASSAVA AS FÉRIAS
TINHA UM MUITO PARECIDO.

O AVÔ O APRECIAVA PORQUE ERA MUITO BEM CONSTRUÍDO, COM FORMAS EXATAS E SIMÉTRICAS.

O TIO O ADMIRAVA, POIS OS DESENHOS IMITAVAM
SUA ÉPOCA FAVORITA DAS AULAS DE HISTÓRIA.

A VIZINHA ERA APAIXONADA POR ELE, POIS FOI COMPRADO NA LOJA MAIS CARA DA CIDADE.

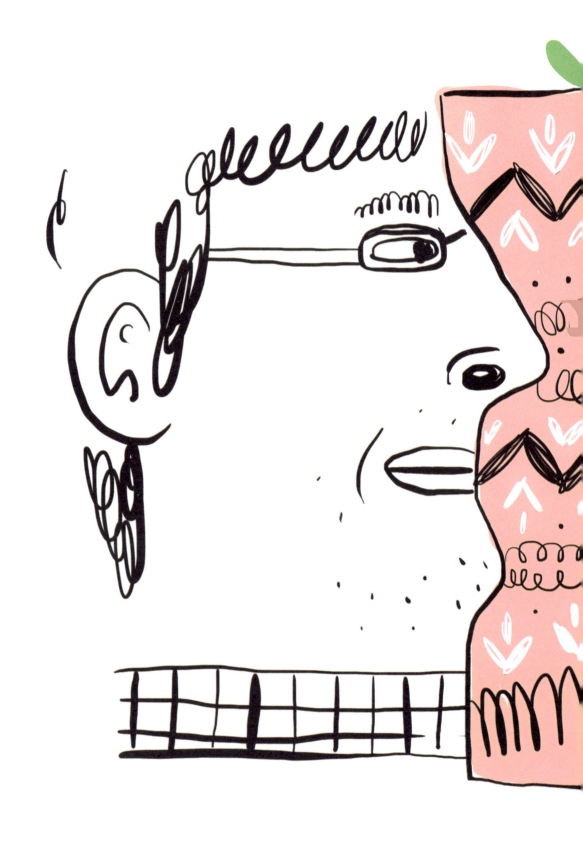

O PAI O APROVAVA PORQUE COMBINAVA COM AS CORTINAS QUE SUA MÃE HAVIA LHE DADO.

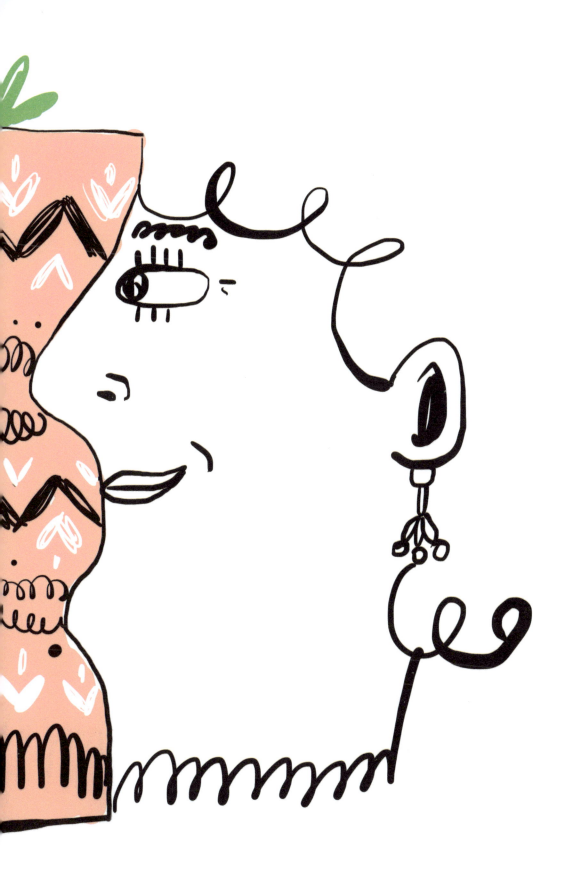

E A MÃE O EXIBIA PORQUE FOI IMPORTADO DE UM CONTINENTE MUITO, MUITO CHIQUE E DISTANTE.

MAS, HAVIA UM PROBLEMA.

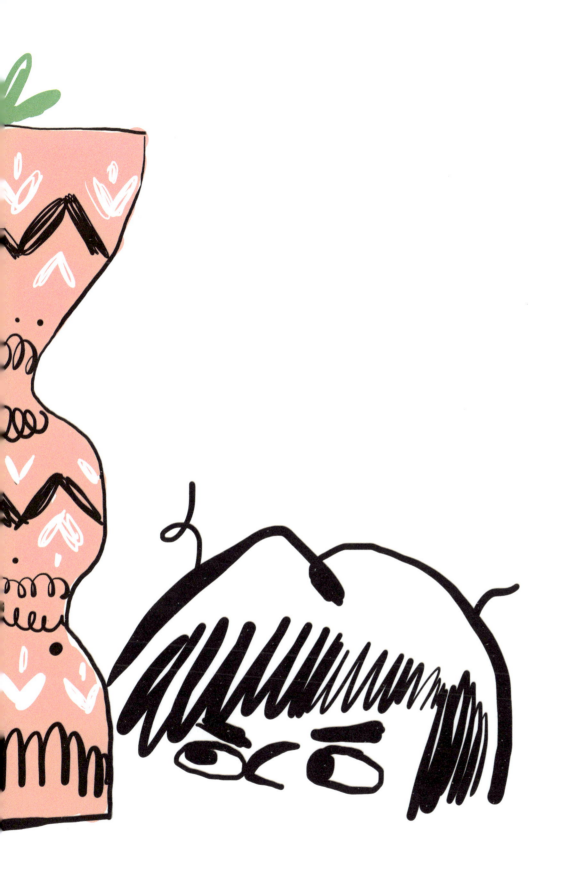

NÃO IMPORTAVA O QUANTO TODOS ELOGIASSEM,
A FILHA NÃO CONSEGUIA GOSTAR DO VASO.

ELA O OLHAVA, ANALISAVA E ENCARAVA. E, QUANTO MAIS TEMPO O OBSERVAVA, MENOS ELA GOSTAVA.

ALGUMA COISA A INCOMODAVA NO VASO
E ELA NÃO SABIA EXPLICAR O QUE ERA.

UM DIA EM UMA FESTA DE FAMÍLIA, ONDE TODOS ESTAVAM REUNIDOS, A FILHA, DE BRINCADEIRA, CHUTOU UMA BOLA NO MEIO DA SALA.

A BOLA REBATEU NO BATENTE DA PORTA,
QUICOU NA ESCADA, RICOCHETEOU NO TETO
E ATERRISSOU NO VASO.

O VASO CAIU NO CHÃO E SE ESPATIFOU EM MIL PEDAÇOS.

TODOS RAPIDAMENTE SE LEVANTARAM
E PARARAM EM VOLTA DAQUELA SUJEIRADA TODA.

– ELA DEVE FICAR DE CASTIGO!
– QUE FALTA DE EDUCAÇÃO, UM VASO TÃO CARO...

– VOCÊ VAI TER QUE LIMPAR ESSA SUJEIRA.
– NO MEU TEMPO, ELA LEVARIA UMAS CHINELADAS.

QUANDO A POEIRA ABAIXOU, POR TRÁS DE TODA AQUELA TERRA E CACOS DE LOUÇA, UMA PLANTA LENTAMENTE APARECEU.

E O SEU PERFUME ENCHEU A CASA COMO SE TODOS ESTIVESSEM EM UM JARDIM NA PRIMAVERA.

TODOS PARARAM DE FALAR E POR MINUTOS ADMIRARAM SURPRESOS A PLANTA TÃO DIFERENTE E BONITA.

PERCEBERAM QUE, POR TRÁS DAQUELA CARCAÇA DURA DE VAIDADES E COSTUMES, HAVIA UMA VIDA E SE ARREPENDERAM DE TÊ-LA APRISIONADO POR TANTO TEMPO.

JUNTOS, CARREGARAM A PLANTA PARA FORA DE CASA.

E A PLANTARAM NO JARDIM DA FRENTE.

E EM POUCO TEMPO A PLANTA SE TORNOU UMA ÁRVORE,

QUE CRESCEU, CRESCEU E CRESCEU.

ATÉ QUE SEU TOPO SUMIU NO CÉU.

E, PARA QUEM ESTAVA NO CHÃO, SÓ RESTAVA IMAGINAR OS FRUTOS MARAVILHOSOS QUE NASCIAM LÁ EM CIMA.

FLAVIO KAUFFMANN

Oi, eu que escrevi e desenhei este livro. Desde muito pequeno sou apaixonado por histórias, lidas, escutadas, vividas ou imaginadas. Acredito que, se observarmos com atenção, o mundo ao nosso redor é repleto de narrativas incríveis e é justamente daí que tiro as minhas obras. Eu gosto de ver a natureza se mover sozinha, aprender coisas difíceis e nadar até pequenas ilhas perto da praia. Caso queiram me falar alguma coisa, me procurem no instagram @flaviokauffmann.

COLEÇÃO EXPERIÊNCIAS

Com a intenção de suprir lacunas culturais da nossa sociedade, a Coleção Experiências se propõe a trazer conteúdos que auxiliem na construção de repertório para refletirmos sobre a vida. Cada título aborda um tema que em geral é pouco apresentado ao público. *O vaso preferido da casa* convida os leitores a refletirem sobre padrões sociais. Os outros títulos da coleção são: *Tchau, Mixirica!*; *Micala, a caixa que fala*; *Um, dois, três...* e *Pamão Pamateia*.